Crónicas de mi Universo
María Ximena
Dediego Perlaza

Diseño de portada: Departamento Creativo Bauhaus.

Lulú

Adress: 627 Davis Drive, Suite 300, NC 27560 Morrisville, United States

Morrisville (Carolina del Norte)

La presente edición es especial está destinada exclusivamente a los lectores de LULU.

Queda prohibida su distribución por cualquier otro canal.

Esta rigurosamente prohibida la reproducción total o parcial de este libro, la recopilación en sistema informático, la transmisión en cualquier forma o por cualquier medio, por registro o por otros métodos sin el permiso previo por escrito de los propietarios del copyright.

2019© María Ximena Dediego

2019© Editora: Helen Smith

Impresión y encuadernación: LULU

Impreso en Estados Unidos-Printed in USA

Houston, 2019

Para mis futuros hijos

*Cada poema es una colección de memorias de vida
De pedazos que pretenden salir del mar, a bordo de un
Barco y aflorar esas palabras que darme fuerza para hallar la salvación de mi alma.*

María Ximena Dediego

I

Cítame a la amargura, el
impulso, la furia
Cítame a la pulsación, la boca
ansiosa
El cuchillo en las manos
Cítame a las venas sin caudal
Las ásperas riberas del alma
Cítame a esa vida
a la que jamás poseí entre los
brazos
Hay existencias a las que
inducen corrientes
Hay organismos en el viento

Hay tinieblas en la luz irradiando lémures
Aparentando ser estrellas
Vive el cañón de la tierra y el aire
y vive la sinfonía de la muerte y la existencia
Elementos, órganos, retoños sin flor
Vagan laberintos
En el cual la avenida es sólo polvo
y el polvo es afonía
Carreteras donde esconderse las figuras
de quienes pueden disfrutar

un pecho, una espalda, unos ojos
todo aquello de lo que yo necesito
no encuentro sabiduría en la tempestad
ni torbellino en la sangre
para levantarme de la superficie
para enaltecer las alas del agotamiento
Cítame ya a un ventarrón, un soplo, un torbellino
Cítame a él ineludible hoy lejana
Espina de la ilusión.

II

Caminar, llorar, abofetear la
oscuridad para qué
si el vacío quemarte la esencia
si amarrarte tus cuerdas en el
complot de tarántulas
donde fantaseas dormir
cuando atascas los párpados
si a rastras acosarme
Indagándome sin frases
Llamándome sin palabra
si es melodía inadmisible
la melodía que sienten los oídos
si ya nada es permisible

al fugarse de la piel el toque de
otra piel
la caricia o la lesión
el sucumbir y la vida
la energía de existir
agonizándose
sobre recién nativo desierto de
otro día

III

Que ninguno exprese que
conquisté la irradiación de una
ciudad
que hospedé mi desierto en ella
cuando todavía eran los
tiempos
donde la lozanía idealiza agitar
montañas
pero nada agitarse
mientras todo circula y
proporciona vueltas
entorno de este sin sentido
Insolente día a día desde mi
origen

donde el decano de los ilógicos
es apreciarse ligado
a la acrobacia de las horas
al musgo del reloj
al hábito de continuar siendo
un niño
y creérselo todo
Que ninguno indique que amé
ningún albor
si ni ilumino evocación
bajo tanta oscuridad
en esta perpetua opresión
matinal

IV

En el igual viento el poema y la palabra
Despertarse del sueño en el índigo del cielo
como si fueran cometas
y en el afín de su compás
el tiempo evaporarse de las arterias del reloj
y descansara sobre el pétalo de una rosa
En el igual viento el poema y la palabra
una ola en el océano del elipsis

un destello en el fluorescencia
del abismo
una leve corriente de
imprevistos, efímeros
otoñales instantes
En el igual viento el poema y la
miseria
del verso marchito
de la sílaba brutal
del sulfato cruel de las tinieblas
Noche del viento también es
cada oscuridad
En el mismo viento la oscuridad,
el poema, la palabra.

V

No soy poeta
ni saber cómo jugar con las frases
para que su trama
sea algo más que una lerda
pluma
sólo dilatarse
donde con dedos precipitados
ordenarlas, unirlas, perfeccionarlas
para trazar un verso
sobre la arena del mutismo
y un océano cualquiera
borrarlas al esfumar su entorno
Soy la inservible boca
que en vano pretende
volcar sus suspiros en pergamino

en lugar de hacerlo sobre el viento
Nada hay mejor que no expresar párrafos
pero soy estafador de anarquías
y el rango de poesía
Corre eternamente de mi poesía
Podéis pegarme con el látigo
aunque la mano jamás apuntará bien
las puntadas de mi aburrida práctica
sólo el artilugio hechizo de la monotonía
quizá la energía
sacude hoy en cada fragmento.

VI

Hablarle al viento
hace de la existencia una
práctica
Hablar cuando no hay orejas
que oyen
levantar las frases
sobre este circo de payasos
afligidos
donde cada día personificamos
nuestra comedia
con una misma carátula sobre
los semblantes
para todos parejos
tramar la arcaica mímica de
acrobacias

Hablemos sí
del deleite que pocos lograron
o del fuego que ardió
dentro de un corazón y ya es escoria
o de algún pura sangre que sobrevoló
para terminar depreciado sobre el barro
hablemos sí de ese silbido del aburrimiento
en la oreja mundial del fastidio
de los siglos
hablemos sí de los sentidos sin sentido
de los ojos sin enfoque
de la boca sin lengua

de la mano que cifra sílabas de humo
hablemos una vez de lo que fue
hábil y consciente
y hoy sólo es arruga de una
ancianidad desconfiada
Hablarle al viento
hace práctica este verso

VII

Al fondo de todo reposa un andante
un artista del deseo o del trapecio
alguien que privarse en los cielos
o en las alturas destrozarse a sí mismo
Un ser sin evocación
que adaptarse a su oscuridad
no percibe nada
sólo permanece taciturno
con el equilibrio y el latido de los muertos
a que obtenga su turno

permanece sonámbulo y finge dormir
incluso cuando la inclemencia pegarle
o los niños burlarse
de un semblante vacío donde vivió eternamente
el semblante de la quimera
Al fondo de todo
sólo queda el sufrimiento del poema
el desierto de la palabra
el taciturno frote de los dedos.

VIII

En el contorno de la fantasía
abro los ojos
y al abrirlos apresurarse en mí
esa consciencia del perpetuo
tras la corriente alterna de la
oscuridad
algo estimularse en mí
y contemplarse en un espejo
para que el retrato reintegrarle
inmóvil donde agarrarse
volver al entorno desde la
fantasía
destrozar su quebradizo cristal
examinarse
incluso inquietarse
buscar una leyenda

donde entrelazar unos hilos
a bordes del sueño todavía
cuando aún el hálito no tiembla
ni hacerse maciza la existencia
ni brota forma cualquiera
y en aquel tiempo
concentrarme en los márgenes
del papel
para que mi escritura sea
inteligible
y destile mi sangre como matiz
en este caudal de poemas
rotos

IX

Despierto y la consciencia abre
los ojos
al escenario enmascarado de
retratos
donde aparece una novela
pero no ambiciono retratos
no quiero fábula
y sin embargo ellas buscarme
acosan su presencia en mi yo
aun si mi yo alejarse
para no ser porción de ellas
para apreciarse espléndido de
la vida
pero no es viable librarse

cuando la consciencia sujetarte
a este peso
y en ese momento
de nada sirve eclipsarse de las
oscuridades
ni de la luz tampoco
ni hay quimeras que auxilien
a dejar de lado el despertar del
día
asistes pues a la seña
o asiste el gesto a ti y someterte
a la irreparable tradición de
cada alborada.

X

Dónde está hoy la ilusión
dónde el apacible murmullo de sus plumas
dónde su roce al calmar el frío de la piel
levantarte de la cama un día más
levanto los indigentes huesos
del escondite de las fantasías
y con codicia busco su vestigio
Acoso porfiada la tranquilidad de su abrazo
pues codicio evitar
que el oscuro pensamiento invadirla

que la inhumana mirada de la
existencia
empantane su rostro
cuando aparezcan en el espejo
sus antiguos antifaces de
holgorio
que al surgir al teatro de los
diligentes
arrancan el mutismo de su
desierto
la soledad de su afonía

XI

Miro en torno y simulo
que lo igual no es lo igual
quiero ver el firmamento
sin su manto de bruma
oscureciendo mis ojos
quiero no manifestarme
a la misma intranquilidad de las orquídeas
a la misma impaciencia de mi alma
quiero apreciar sobre la tierra
los centellas de ese sol que hurtarme
quiero que el céfiro alzarse
el inmóvil ánimo del árbol

la quieta serenidad de las hojas
y arranque de mi tronco
la rama seca que habitarlo
Mis ojos lloran lágrimas de
diluvio
y perderse en la distancia de las
nubes
para hallar esa zona
donde todo es lo igual y no es
lo igual

XII

Estoy tranquila en la misma
zona
a la misma hora
bajo un sol que alumbra
de la misma manera cómo
hacerlo ayer
trazo frases que pueden ser las
mismas
que ya escribí
en esta zona
a esta hora del día
bajo este igual sol
y sin embargo no poseo la
convicción

de que el suceder de hoy fue el
de ayer
o será el de mañana
Nada es real y al mismo tiempo
todo aparenta situación
cuando los ojos mirarla
pero ella desaparece de los
sucesos
con la velocidad de lo efímero
¿Habrá algo fijo a lo que
agarrarse?
¿Tendrá refugios este náufrago
barco?

XIII

Amanece y en la fragancia del día
abrirse cauces donde marcha el viento
cauces en los labios también
donde caminará el agua junto con la frase
pero eternamente en el espeso elipsis
de esta habitación donde saludarme la irradiación
Desde la lucerna puedo ver
cómo progresan las nubes en la calma del paraíso

mientras yo prolongo
estancada
en esta aguda inspiración
en este soplo que írseme
clavando
como un hierro en la
profundidad del pecho
Los árboles, la hierba de
septiembre saludarme
Desde más allá del espejo de
mi desierto
saludarme otro desierto
para un día más escoltarnos
respirarnos, residirnos
pero todos vosotros aparecéis
con la firmeza de mi avidez
con la imperturbabilidad

y la reposada paz de mi
avaricia
sin poder conseguirlos
y qué hago yo con esta sangre
borboteando transferida
con esta inquietud de náufrago
con este vagar de errante
Levanto la cabeza hacia la
luminosidad
observo la aurora
y la oscuridad del arrasado
sauce
enseñarme la ruta de la muerte

XIV

Si bastante cerca vivieses, camarada
si distinguirte bastante próxima
como distingo
el tenebroso desfile de nubes
si palparte como palpo
el abismo de los madrugadas
si poderte oler como olfateo
dañarse el viento en la afonía
Pero sólo caminarme
sobre la escasez marchita
y fría de mi carne
sólo caminas
los estrechos caminos
del laberinto donde trabajo

el espectáculo sobre el
escuálido alambre
donde este enmohecido y
rugoso cuerpo
permanece volar sobre tu
imposible céfiro
Acaso aún no mostrarme
seguidora de ti
Acaso aún no soy tu más
devota seguidora

XV

Cualquiera que sea el compás
uno es de fango y es de boñiga
envejecerse desde los pies a la cabeza
toda la tersa piel transfigurada en rugosidad
Qué hacer en aquel momento
de la boca, del ojo, de la oreja
Conversamos, lloramos, oímos
apreciamos sólo el rocío de ese fango
el olor del boñiga
Pero cualquiera que sea el acento

uno también es de viento y es
de neblina
mientras prospera esa
decadencia
como un cáncer
y devora lo activo de los
cuerpos
hasta ser perfume de incienso
o de ceniza
en un último resumir
donde ninguna restitución
difiere.

XVI

Quizás ande en fantasías la
violenta madrugada
y deambule con mi
desconsuelo hasta los cosmos
para esconderme en ellos
o caliente mi carne en cierto
fuego fatuo
en ese fluorescencia del viento
en ese día superficial que es la
oscuridad
la noche con sus sombras
abriéndome a la irradiación
como el día abrirme a esa
resplandeciente lámpara

de alumbre inmortal y
perecedero
La luminosidad es demasiada
que calla la hierba
encubre las brisas
extingue el murmullo de las
ramas del árbol
la iluminación es demasiada
que los ojos cerrarse porque
apenas si ven
el horizonte del día
Es el mismo de ayer el paisaje
que hoy observo
pero un gradual y microscópico
cambio
en la inclinación de la
oscuridad al día

haber cambiado el verde de los pastos
por el escarlata de las rosas
y la inmortalidad de los momentos más fugaces
por la brevedad de lo que aparece inmortal.

XVII

Cuando estemos extintos
no seremos ni pala ni bisagra
porque somos vacío con un
alma de escoria
que chorrea en el mar interior
donde el yo podrirse
y fundirse en un nuevo yo
abrupto
Cuando estemos extintos no
seremos eternos
eternos somos hoy al repetir a
cada momento
el mismo gesto, el mismo
desprecio

la misma farsa y hueca
esperanza
y mortales o inmortales
omisión y ninguna es nuestra
ideal sustancia

XVIII

Un latir de muerte esta
pulsación
sacudiendo obstinadamente un
corazón sin fuerzas
El naufragio de un barco
y el náufrago sin nada
En un semblante desocupado
no hallarse las sonrisas
ni colisionan las lágrimas
la dermis es una piedra
y la piedra una rugosidad
y la rugosidad una memoria
y la evocación olvidarse
Si levanto mi oscuridad en la
alborada

es para ensombrecer la
habitación
y observar las luces de otros
puertos
si elevarme en la alborada
es para registrar mi esqueleto
sobre una pizca de arena
Transitorio es el tiempo de las
estaciones
y si emprendiera encubrirlo
o pretendiese negarlo
brotaría otro ser reemplazando
al mío
y esa oscuridad que levantarse
en la alba
aferrarse a su raíz para no
sacudirse

con el céfiro brutal de los
ayeres
que hace latir en excesivos
corazones
una vez y otra vez la igual
muerte

XIX

Bastante extraños sonidos
escucho de la lluvia y del viento
bastantes extrañas voces del
sol, de la hierba, del árbol
que adivino el alba
que la imagino aproximarse con
ese paso suyo
cansado pero firme
que dirige sus ojos hacia mí
aun si ocultarme de ella en las
tinieblas de la noche
aun si esconderme en las
arrugas de su rostro
pues ella sabe bien cómo
atraerme

sabe de mi fascinación por el
dolor
y la agonía de esos
amaneceres
donde irradio tristeza con mis
brazos
y no siento el calor de roce
alguno
sobre una desnudez herida
de tanto y tanto arañar las
estrellas
gritarle al alba que irse
pero ella ya no escucha
imperturbable su presencia
extenderse sobre todo
abre agujeros huecos como
ojos

entre las nubes de un cielo
desgarrado
por donde asoma el día
por donde asoman esas manos
que ahogan
cualquier sueño posible
si es que haber existido alguna
vez un sueño

XX

Una humanidad rodarse
por los aposentos de la
existencia
Observa el espacio
con las órbitas vacías de sus
ojos
a modo de binoculares
aferrarse cual tempestuosa
a los umbrales de la aurora
con sus manos dilatadas en el
viento
para acariciarlo todo
e estamparle con su halago
la marca de la muerte

Deambula por vías
donde los términos marcan la
exclusión de la travesía
en oscuridades que brotan de
la sombra
surgen de la obscuridad como
si la tenebrosidad
Procrease confusión
perpetuamente
Una humanidad rodarse
por los extensos pasajes
donde la existencia colocó sus
butacas
Desiguales a la izquierda
pares a la derecha
como si la tranquilidad o el
infortunio

estribaran de la identidad
Después de ese correr pausado
vestigios acuosas de escarcha
también de lágrimas
irradian el horripilante pánico
de su retrato

XXI

Sobre cualquier atajo de la tierra
sobre océanos, ríos, lagos
sobre el agua de una cascada
vago como si ambicionara
paralizarlo todo
y enterrarlo en sepulturas muy
recónditas
donde esconderme yo también
si la locura colocarse en mí
concluyentemente
Tropiezo al errar con fantasías
que dispersarse

y sacuden mi pecho para
hacerlo sangrar
y a mi cerrada boca vuelven las
frases
que levanté ante notorios
confusos
y al articular esa expresión ya
oxidado
aprecio que soy igual y aprecio
que no soy
y derrocharme como disiparse
en la niebla los pájaros
oigo mi nombre mas no
reconocerme
pues soy inactivo sillón en el
patio

o roca que rueda hacia el precipicio
y hundirse en la noche como una oscuridad
destierra al corazón
un corazón que aun apeteciendo llorar revienta en sonrisas
bastante sobrenaturales
que al rebosarse colman nubes de lamento
sobre las cabezas desocupadas
de los mortales vanidosos
Una luminaria sombría enciende en aquel momento
el perpetuo desconcierto de cualquier vida

y la contemplación es la boca y
el mensaje el ojo
y el pensamiento viento y la
melodía agua
y el aura roce de sirena y la
tierra sepultura
y todo revienta de repente
profundas aberturas romperse
como sepulcros
en las deslucidas vías de la vida.

XXII

Estoy sintiendo el mutismo
a través de la sombra
En la cima más alta
levanto el crepúsculo de mi
debilite la imagen
espero aquí la muerte
y también espero la vida
espíritus ambas de cierta
fantasía
del que habérseme excluido
En la más alta cúspide
conjeturarse la distancia de una
muerte
porque son varias muertes
las existencias que vivirse

Mientras los ojos advierten
dejar de lado las cegueras
mientras la boca conversa
retoñan las frases
mientras aprecio mi piel
abrirse lesiones
pero los ojos son espejos
destrozados
pétalos abatidos las bocas
perpetuidades en el breve
manar las heridas
inalterables e impasibles como
el espacio
o ese secreto que enclaustrarse
en las flores
tras mostrarse y morir.

XXIII

En la naciente luminosidad un
animal lesionado
perece en la irradiación con
una convulsión de alas
como una lentitud armoniosa
de pájaros
o un agitar de mariposas
agonizadas
En esa luminiscencia donde la
afonía nace
enseñarse la demencia del
céfiro
al atajarse el viento
Sería indispensable

el bostezo más allá del vidrio
de todas las lucernas
para ver desde el distante
trayecto
la forma índigo de algún cielo
desconcertado
Sería indispensable
evaporarse desde ese azul
apartado
para así aproximarse al tiempo
con muestra entre las manos
quizás unos dedos difundiendo
angustia
o negros humores de oscuridad
Sería indispensable
levantar la piedra de serpentina
de este pecho

para que no flaquee la fatigosa figura
tiesa en medio de la nada
Sería indispensable
despojar a la existencia de todos sus zapatos
desabrigar la vida
manifestarse de nuevo entre las fantasías
y alzar el mástil
del borrachín y huérfano barco
Sería indispensable
dilatar la voz al horizonte
desembocar sobre cada cúpula
la radiante armonía de la balada

para atajar la pulsación
en los umbrales de la sangre
Sería indispensable
que falleciera el océano para
evadir la lagrima
o todos los desiertos
derrocharan sus sílices
para no carbonizar vena a
vena
el afligido corazón del animal
lastimado
Sería indispensable
el inmortal abrazo de cada
poema
para que capturar en él la
existencia
y no sólo el fallecimiento

Sería indispensable
unos ojos grandes para ver
menos noches
y la boca de un zorro para
apreciar
sus dientes fragmentar mi
carne.

Con destrozado sentimiento, si
yo expusiera estos poemas,
alcanzaría a mi oreja vuestra
voz
María Ximena Dediego

XXIV

De dónde fugarse con esos
dedos pálidos
y el acero encogido con solidez
adónde vas transportándote en
cubiertas
las sombras donde el sufrimiento
evaporarse
trasladarme, otorgarme ya el
obsequio de entregar tu huella
pues buscarte en la oscuridad
perderme en las vías
y no asoma tu arribo
Guíame y perseguirte dócil
hasta conseguir la definitiva

esquina el último destino
transporta ya mi marcha
pues gotea lágrimas el corazón
lesionado por tu distancia.

XXV

Que consumirse el mensaje
como si fuese esta poesía
el anhelado incendio
o la hoguera deseada
o una flama aunque donde
incendiar hasta ser humo
y como la fumada ya no ser
sino algo errante y vagabundo
algo que ir más allá de mí
misma.
Deja que mi polvo tome grafía
para que reemplace mi figura
y a mí borrarme entera
sofoque mi palabra

ahorque mi lengua
hasta ser por fin desierto
un lago de sufrimiento en la
garganta.

XXVI
Amanecemos crepúsculo
frente a la irradiación
y albor frente a la nada
Sobre la tierra
cenizas, fango, sepulcros
sobre el agua
prisiones de diluvio, lágrimas, el
océano sobre el viento
pájaros de pergamino, nubes,
una fluorescencia fugaz
Amanecemos cauce
sobre el polvo y el polvo vacío
Dónde el lugar sin contorno
sin iniciales sin bordes:
en el impreciso límite el

horizonte
Amanecemos huella
entre el día y la oscuridad
entre el frío y el fresco sueño de
verano entre lo oscuro y el rayo
marchando la vida hacia
la muerte
moviendo la muerte en
la vía de la vida

XXVII

Quisiera aplastarme en un dorm
ir perpetuo
en una inmortalidad de ilusión
bajo un firmamento poblado de
párpados de estrella
y con la oscuridad abierta com
o lesión
sangrando lluvia sobre el sembl
ante del doble flores sobre la
quimera
que mirarnos y sonreírse.
Por un momento el firmamento
detenerse
y la noche bosteza con

pesadez alas de mariposa
todo es brillo ese momento
y como irradiación esfumarse
caducidad del alma.
Descansa el viento con fatigosa manera
vacío de pájaros, de nubes
de revoloteo de insectos
sosiega también tú
en esta noctámbula noche
donde ensancharse un océano
y mil cosmos sofocarse
en el mutismo donde destilan
las frases no dichas
el poema no comunicado
y ese inmortal sueño donde cad
a noche la igual noche retrasa.

XXVIII

Fantasear la realidad
idealizar en un fantasía
donde muertos y vivos
involucrarse
donde la separación sea
presencia el mensaje mutismo
el mutismo poema
simular antes en la brevedad
de este presente
en un cielo donde no habitan
ángeles
donde hombres y animales
empujarse
acarreando su presencia

de un lado para otro
lanzándose
sobre la utopía de su muerte
sobre la falsedad de la que
hacerse la alucinación
donde la alucinación soñarse.
Es acaso esa quimera alguna
muerte
el solo delirio del pensamiento
el desnudo deslumbramiento
en lo que reside la fantasía de
la muerte.

XIX

De pronto haber subsistido
como una rama de mi abedul
solitaria en mitad del viento
permaneciendo en vacío una
hoja, una flor, un brote o que la
lluvia inundarme el desconsuelo
el polvo de madera envejece
De pronto no soy más que la
rama de un árbol
aflorada al precipicio
entre estiletes y escoria
una sola rama en un otoño
perenne
donde las noches de otros días

como verdes vampiros
rasguñan sin misericordia el
alma
De pronto saber que ni alma
poseo
cortármela como cortarán la
rama de mi abedul
la rama que ahora soy
la protuberancia de alguna
pesadilla
De pronto haberme quedado
sin tronco y sin raíces
y sobre la cáscara
Sucumbírseme de frío
la boca que crio mi savia
No hay vistas que prueben
ni espejos que irradien el

vagabundo retrato de mi cuerpo amorfo soy el abismo donde abismo mis precipicios soy simplemente la rama seca de un despojo de abedul.

XXX

El feroz espejo como cada día
irradiará sus antifaces
observarán los ojos las arrugas
los dobleces de ofuscación
los surcos de luna
de un corazón desocupado de
latidos inundando en afonía su
lamento
mientras pausada procede
una lluvia de roña, escoria y
lágrimas.
Quién llorará arrepentimiento
al matar una nube
quién llorará lo que ninguno
haber llorado ni llora jamás.

XXXI

Moribundos cautivos entrelazan
la red
de pensamientos sin sentido
adelantan entre laberintos de
ilógico con sus heridas abiertas
y el dolor rebosándose en frases
o en afonías
todo en vacío pues ni mensaje
ni mutismo indemniza la
codicia de quien derrochó su
nombre
en un escondite de alguna
opresión
hoy escasamente conmemoran
y deambulan en la evocación

como niños
hostigando esplendores de
jabón
en el crepúsculo de los otoños
eternamente en órbita
como vacilantes
interrogaciones en los labios
que acaban silenciosamente.
Observan una vez más las
ramas
y aprecian rencor de su violenta
lentitud ante la muerte y en
aquel
momento quisieran ser centella
para someter tormentas
bisturí para desgarrar el velo de

la luna
barro en los atajos por donde
circulan o derretirse con la vía
y ser la roca que destruirse
la huella que vanamente logra
un momento más allá de este
momento sin embargo
son mártires de su propio bárbar
o y saben que vencidos en su
castigo nunca serán la flor que
envejece en un día
ni el árbol que secarse
un verano
sus aposentos son los sepulcros
donde perecen con esa espesa
pesadez

de pulsación en las arterias del néctar en el tronco del árbol.

XXXII

El momento fascinado
al mismo tiempo que tu
semblante brota
de ese camposanto de
semblantes
donde frente a frente tras la
oscuridad
los gigantescos ojos mirarse
Yo saber bien cómo un
organismo
amanece enmarañado entre
los pies o cómo saben
agarran al precipicio

unos huesos privados
yo saber de disturbios
saber del mortal cuando
alucinado marcha
hacia el fin universal de las
frustraciones
saber de las tardes mortíferas y
las madrugadas de muerte y
manifestarme en la figura
que de mí misma aparece
donde arruga a arruga haberse
fruncido la piel
como en un ventilador de alas
saber de mi inalterable retrato
saber que a pesar de
desbaratarse orificio a orificio
puedo encontrar sus pedazos

en el cristal de todos los espejos
pues soy también un muerto
más. Apuntalada en el
contorno del alma
prospero hacia la gran
melancolía
mientras mi semblante aparece
en tu fisionomía.

XXXIII

Soy uno de esos entes inseguros
errando a través de todos los
tiempos y si observo hacia atrás
no admirarme de nada
pues todo persiste similar
todo es como fue eternamente
o todo fue como es en lo actual
la sangre transita por las venas
el agua destila por los torrentes
y la muerte tiene el igual
camino
para arrojarse sobre el mortal
arrojarse sobre mí
y ante sus antifaces
cavilarte con un espíritu más

nuevo
sin embargo es la misma alma
que escolta al hombre
en cada cauce de esa vía de
tierra donde enaltecerse
torres de cristal que enclaustran
engreimientos
delicias con los que existimos
burlados
y alguna lágrima desordenada
entre tanto sufrimiento
inorgánico
acariciando con ferocidad
nuestro vacío.

XXXIV

Marchamos dormidos
tentando la situación con mano vibratoria
en ejercicios infecundos
en labores improductivas
sin más profecía que la quimera
esa invariabilidad de
duplicación que viaja y viaja.
Qué tácticas encubren hoy mis ayudas
mi boca, mis oídos, mi ser toda
mi ilusión asimismo
Apartar el sufrimiento parece un

improbable
pero la mañana abrirse
y entre las centellas del sol
encubrirse bien
cualquier ansiedad
mientras uno estirarse
extingue el grito
persiste en lo alto sin
Aparecerse
al precipicio donde encubrirse
ese recelo a lo irreparable
y inspira el viento claro
alargando la práctica
protegiéndolo
del filo de la oscuridad.
Porque no fracturarse
la inconsistencia del

movimiento
perdura la perspicacia
por arriba del fango.

XXXV

Quisiera no haber examinado
jamás la luminaria
pero es inservible lamentarse
ahora inservible cavilar en lo
improbable
La situación es una y afligida
pues este linaje haber sido
forzado desde su origen
por mucho que fingirse
desconocer
a vivir sin la ingenuidad de los
primeros años
a existir cuando el tiempo

muestra
un retrato longevo en el espejo
un semblante surcado donde el desaliento
y la indolencia descubrirse
y unas
miradas donde dejan vacíos las lágrimas
Existir no obstante podría ser viable
si el sufrimiento no irrumpiera la tranquilidad y la práctica
pues el aburrimiento es el amparo del rendido
y someterse al fastidio no nutre

ilusiones pero inconsciencia de los sentidos
mientras perecemos con aguante.

XXXVI
La farsa del tiempo
instalando la sangre antes de la lesión
o la lesión antes de la bala
ese tiempo que desconoce la estampida porque es él igual a un bombazo
ese tiempo midiendo una coexistencia
donde eternamente aloja la expiración.
Uno sucumbe solitario
otros escoltados
matados quizás por esa

compañía
quizás por ese desierto
pero el destino es el mismo
o vencerte o protegerte
o tal vez ni aplastarte ni salvarte
y sucumbas naturalmente sin
existir. En este desorden enorme
donde la vida finge su aspecto
esa furia esa bestia moradora
en los vientres disputa por salir
por renunciar a su celda
pero su aprensión es
tu pánico y escondes su
aspecto
Encubriéndote
y prosperas desde ese juego de
niños

donde todo era drama azul
a otra farsa donde todo es
consternación que atemoriza la
cognición

XXXVII

Qué esconderse tras la
irradiación del iris
quién araña la piel
hasta perforar en ella su abismo
por qué la carne viva lastima
bastante
por qué no legalizan treguas los
demonios
por qué no encienden en el sol
las alas sucumbidas de los
pájaros.
Dejemos llorar a los lesionados
oigamos su lamento y no
obstruyamos sus bocas para

desconocerlos
porque es sufrimiento lo que
aparenta ser lluvia
y sólo hay muerte detrás de las
expresiones. No existe el tiempo
sólo existe el momento donde
sobrevuela en la neblina
la herida, oscuridad humana
ese momento donde buscarse
un sin sentido
para persistir en una parte.
Tampoco vive el espacio
todo es niebla donde
derrocharse
las naves de los maniáticos
donde los pensamientos vuelan
hasta descansarse en la

desabrigada
rama de algún árbol
y allí retrasar un océano
que sofocarlos entre sus olas.

XXXVIII

No extingas muerte la vacilante
flama
acelerarla para que en ella
encienda
la comedia de mi carne
podrida
incinera el bosque donde como
árbol no estar al
tanto conservar la oscuridad
rígida
más tarde lanza las cenizas
a las zonas donde
vagabundeas insegura
con tus alas de acero
resplandeciente libélula de

tinieblas sin finito
donde observo más allá de mí
misma el desierto del cuerpo
desnudarse
para vestir de nuevo su ropaje
de arcaico desierto
en esa cruzada donde cada
momento
alumbra una irradiación
la enderezada ansiedad del
espejo mientras continúo
envolviéndome
pues la escasez es lesión tengo
frío y ya amanece.

XXXIX

Todo es una quimera
descomedida única fantasía
esta armadura de viento donde aumentarse
la vida física con sus pequeños dramas
y su formidable falsedad
utopía nuestra propia presencia si ni por lo
menos tenemos cuerpo
sólo un retrato cargarse que reintegra
de vez en cuando algún espejo
utopía también la lluvia

el brotar de la sangre
el destilar de las lágrimas
fantasía inspirar cada instante
fantasía este momento
donde el mensaje imaginarse
para trazarla en un papel
mientras el ahogo que
sofocarme
es una soga cerca de la
garganta. Todo es una fantasía
nada coexiste en esta
imaginación
en esta fantasía donde es día la
noche
un día que imaginarse para
olvidarse

XXXX

Cuándo trazaron tus labios el
mensaje sonrisa
inmortalizarlo aun
cuando la irradiación cruzó tu
carne y mil atajos
abrirse vía por tus venas
cuándo tu piel fue diamante
y oro cuándo plata, terciopelo
fluido azul de diluvio
cuándo navegaste bajo el
agua
cuándo tu boca prorrumpió
señales
que embrollaron con párrafos
y no era sino melodía del viento
de la sonrisa que planea en ese

viento
de la hermosura que enclaustra
la sonrisa
que sonríe de la existencia
porque sabe falsificarla
Nadie habla ya indigno las
aguas
y el mensaje sonrisa haber
muerto de los catálogos
y no hay melodía que tiemble
en el oído y ni por lo
menos hay viento
navegué el mensaje vacío
sobre un navío perdido.

XXXXI

Para qué continuar si todo
haberse secado
para qué si eres bastante
sólo una hoja más
dura por los cuatro céfiros
en el aire contagiado del
planeta
para qué conmemorar los
bellos días
o esa tarde tranquila que
atraparnos
o la afable plática de las
amistades
que después citarse en el

desierto de la oscuridad
para teñir el viento de la
habitación
para qué suplicar en la
evocación días, tardes, noches
marchando sobre la oscuridad
de alguna quimera dormida
para qué permanecer ya
lo que no alcanzará jamás
si ya no puede protegerme ni la
sonrisa
ni la voz ni este rebaño de
piezas
estos poemas destrozados
Perpetuo aparece en mi
cerebro la expresión condena
y miro con codicia el catálogo

sin ilusión alguna de hallar
la asombrosa palabra
redentora.

XXXXII

Deslumbra ese sol los ojos del dormido
y ese firmamento índigo es sólo una ilusión
y reposan los árboles al cavilar noches
y extinguirse las sombras al apreciarse fogatas pero estar al tanto bien de utopías
los que en umbral de herida terminamos el borde de la vida
sabemos bien dónde marchan los caudales sin agua
perderse los afluentes
extinguirse el mar.
Sólo es signo desocupado

lo que percibirse en esta aurora
donde acerco mi pecho
sobre una roca para que sea
lápida
de un vivir entre aburrimiento y
ceniza
Como una vez destilase el del
ambición
destila hoy el recorrido de la
nada hacia algún féretro
que proteja supremamente mi
agotamiento
No saber qué orilla de mí estoy
palpando
ni si el fango obliga la mano
con la que subrayo estas frases

en esta inorgánica alborada
donde inanimado estoy
parasitando
las infecundas células de mis
buenos gusanos.

XXXXIII
La inmortalidad frente a lo estacional
ese resumir apareciendo eterno
esa hora disipándose efímera.
En ese gotear del tiempo
destila el ser
más su corriente no es una sola inseparable
sino una perpetua confusión de afluentes
donde el ser al conseguir el tiempo
derrocharlo irremediablemente

Desde lo no desarrollado aún
retorna el tiempo de su
redondo éxodo
como si su chorrear surgiese de
su conveniente brotar
retorna eternamente hasta la
arcaica orilla
donde vivos y muertos están
desamparados
entre la oscuridad del olvido y
la evocación
Aquí, en el momento mismo de
una sombra ilusoria
elija el insomnio en que la
trascendencia
y no derrumbe en la
quimera de ese conjunto de

dormidos que desmenuzarse a
la aurora
en cada tradicional y aburrida
restauración
elija el desvelo y monte defensa
porque ninguno está seguro en
este espejismo.

AMIGO LECTOR:

Si a usted interesarle saber un poco más acerca del autor, puede dirigirse al siguiente correo:

marianxi54@hotmail.com

Mis redes sociales:

twitter:inusha54

Tumblr:marianxi54

Facebook: María Ximena Dediego

www.ingramcontent.com/pod-product-compliance
Lightning Source LLC
Chambersburg PA
CBHW071300040426
42444CB00009B/1798